SU DOKU

and other Japanese puzzles

YUKIO SUZUKI

This edition published in 2005 by Arcturus Publishing Limited
26/27 Bickels Yard, 151–153 Bermondsey Street,
London SE1 3HA

Copyright © 2005 Arcturus Publishing Limited

ISBN 1-84193-360-0

Printed in England

All puzzles copyright © Nikoli, published under licence from
Puzzler Media Limited RH1 1EY www.puzzler.co.uk

Cover design by Emma Haywood

CONTENTS

INTRODUCTION ⋯⋯⋯⋯⋯⋯⋯⋯⋯⋯⋯ 5

EASY ⋯⋯⋯⋯⋯⋯⋯⋯⋯⋯⋯⋯⋯⋯⋯⋯ 6

INTERMEDIATE ⋯⋯⋯⋯⋯⋯⋯⋯⋯⋯ 46

HARD ⋯⋯⋯⋯⋯⋯⋯⋯⋯⋯⋯⋯⋯⋯⋯ 92

SOLUTIONS ⋯⋯⋯⋯⋯⋯⋯⋯⋯⋯⋯ 108

INTRODUCTION

This book contains a selection of Japanese puzzles designed to develop your problem-solving skills. Each puzzle is graded as easy, intermediate or hard, and you'll find that the puzzles get more difficult as you work your way through the book.

SU DOKU

The best-known Japanese puzzle is the Su Doku, which has become extremely popular in the UK. The principle is simple: all you need to do is place a number from 1–9 in each empty square, so that every row, column and 3x3 box contains the numbers 1–9. There's no maths or guesswork involved, just logic.

SLITHERLINK

In this puzzle you need to connect adjacent dots vertically or horizontally, to form a single loop with no crossings or branches. Each number indicates how many lines surround it. Empty cells can be surrounded by any number of lines.

BRIDGES

Each circle in the puzzle contains a number that represents an island. You need to connect each island with vertical or horizontal bridges to form a continuous path connecting all the islands. The number of bridges must equal the number inside the island. There can be up to two bridges between two islands, and bridges must not cross islands or other bridges.

2	7	1	3	9	5	6	8	4
5	9	8	7	4	6	1	3	2
3	4	6	1	2	8	5	7	9
8	6	4	5	7	3	9	2	1
7	5	2	9	6	1	8	4	3
9	1	3	4	8	2	7	5	6
4	3	9	8	1	7	2	6	5
6	8	5	2	3	9	4	1	7
1	2	7	6	5	4	3	9	8

4	3	5	4	6	1	8	9	2
8	6	9	4	2	3	5	7	1
1	7	2	8	9	5	3	4	6
6	2	8	5	1	7	4	3	9
7	4	1	3	8	9	2	6	5
9	5	3	2	4	6	1	8	7
5	8	4	6	7	2	9	1	3
3	1	7	9	5	8	6	2	4
2	9	6	1	3	4	7	5	8

5	9	3	1	6	2	7	8	4
7	2	1	9	4	8	6	5	3
4	6	8	7	3	5	1	2	9
6	8	9	2	1	4	3	7	5
1	3	4	5	7	9	2	6	8
2	7	5	3	8	6	9	4	1
8	5	7	6	9	3	4	1	2
3	1	2	4	5	7	8	9	6
9	4	6	8	2	1	5	3	7

1	2	8	6	5	3	7	4	9
5	3	9	4	7	2	6	1	8
7	6	4	8	1	9	3	2	5
9	8	2	5	3	7	4	6	1
3	7	1	9	6	4	5	8	2
6	4	5	2	8	1	9	7	3
4	5	6	3	2	8	1	9	7
2	1	3	7	9	6	8	5	4
8	9	7	1	4	5	2	3	6

4	2	8	7	3	5	6	1	9
6	5	1	9	8	4	2	7	3
9	3	7	6	1	2	8	5	4
5	6	9	4	2	1	7	3	8
1	8	2	5	7	3	4	9	6
7	4	3	8	6	9	5	2	1
8	9	5	1	4	7	3	6	2
3	7	6	2	9	8	1	4	5
2	1	4	3	5	6	9	8	7

1	7	3	9	8	2	5	6	4
2	8	4	7	6	5	1	9	3
9	5	6	4	1	3	8	2	7
7	2	8	5	3	6	9	4	1
6	4	9	2	7	1	3	8	5
3	1	5	8	4	9	2	7	6
4	9	7	1	5	8	6	3	2
5	6	2	3	9	7	4	1	8
8	3	1	6	2	4	7	5	9

EASY Bridges

	2			5		2		2
3		3			4		4	
						1		3
		2		3				
4			3		3		2	
	1			2		5		6
3					1			
	3		3					
2				2		3		5
			1		4		3	
	5			3				2
3							2	
		2			7			4
	4			3		1		
3		1			1			
	2			5		4		2

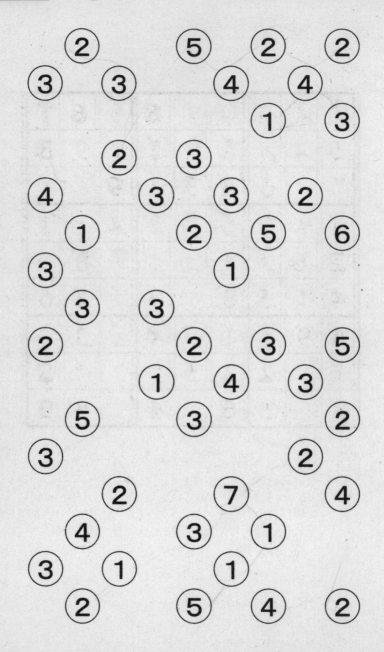

					8		6	
5								3
			2	3		9		
								1
2	6							5
4		5					9	
3				7	4			
6				5			1	2
		9	3		6		4	8

9	3	8	2	4	7	6	5	1
2	5	7	6	8	1	4	3	9
1	6	4	5	3	9	8	2	7
8	7	2	3	9	5	1	6	4
6	4	9	7	1	2	5	8	3
3	1	5	8	6	4	7	9	2
5	2	6	4	7	3	9	1	8
4	9	3	1	5	8	2	7	6
7	8	1	9	2	6	3	4	5

```
3     1       3     1

3   3     2 1     0     2

2   1           1     0

          3 1

      3         1

1 1       1 3       3 2

    3             3

3 3       3 3       1 1

      2       0

      2       3

0 2       3 2       3 1

    0           0

1 3       1 3       2 1

      3       3

      2 3

3     2           3     2

2     3   3 3     2     3

  3     2       3     1
```

5	6	3	2	4	8	9	7	1
2	1	9	7	5	3	6	4	8
7	4	8	9	1	6	2	5	3
6	5	4	1	3	7	8	2	9
9	8	1	6	2	4	5	3	7
3	7	2	8	9	5	4	1	6
8	2	5	3	6	1	7	9	4
4	3	7	5	8	9	1	6	2
1	9	6	4	7	2	3	8	5

6	8	3	7	1	5	9	2	4
4	7	9	3	2	8	1	6	5
5	1	2	9	6	4	8	7	3
8	4	1	5	7	6	3	9	2
9	3	5	4	8	2	6	1	7
7	2	6	1	3	9	4	5	8
3	6	7	8	5	1	2	4	9
2	9	8	6	4	7	5	3	1
1	5	4	2	9	3	7	8	6

3	1	9	8	6	7	4	2	5
8	2	4	3	9	5	7	6	1
5	7	6	1	2	4	3	9	8
7	6	1	5	4	3	9	8	2
9	3	5	6	8	2	1	4	7
2	4	8	9	7	1	6	5	3
4	8	2	7	3	9	5	1	6
1	9	3	2	5	6	8	7	4
6	5	7	4	1	8	2	3	9

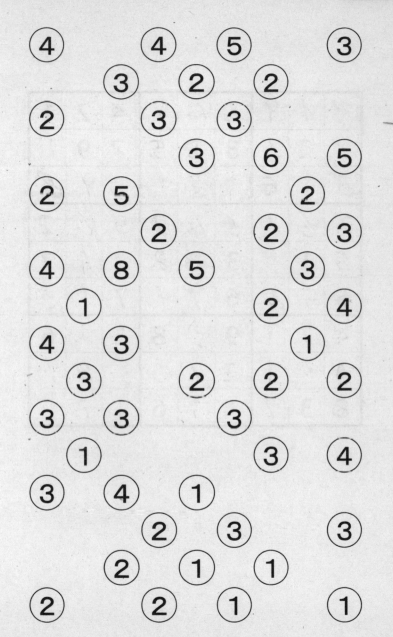

7	5	8	4	6	9	3	2	1
1	4	3	8	2	5	6	9	7
9	2	6	7	3	1	5	4	8
3	8	2	1	5	7	9	6	4
6	1	7	3	9	4	2	8	5
5	9	4	6	8	2	7	1	3
2	7	5	9	1	8	4	3	6
4	6	1	2	7	3	8	5	9
8	3	9	5	4	6	1	7	2

6	8	5	3	2	4	9	7	1
2	1	7	9	6	5	8	3	4
3	4	9	1	7	8	5	2	6
4	9	3	7	8	1	6	5	2
7	5	6	2	3	9	1	4	8
8	2	1	6	4	3	7	9	3
5	7	2	3	1	6	4	8	9
9	6	4	8	5	2	3	1	7
1	3	8	4	9	7	2	6	5

0			2		3		2	2	2
			2						
		3					1	2	2
1	2				1	3			
			3	3				2	2
2	2	2					2		
				3	3		2		3
1	3	2					0		
			3	1				1	1
2	1				3	1			
		2					1	0	1
3		1		3	1				
		3					1	3	3
2	1				1	3			
			3	0				2	2
3	1	2					2		
						3			
0	2	3		0		3			0

7	3	6	8	4	1	2	9	5
8	2	4	3	5	9	4	1	6
9	5	1	7	2	6	4	8	3
3	6	5	4	7	8	9	2	1
2	1	8	9	6	3	5	7	4
4	4	9	2	1	5	3	6	8
5	8	3	6	9	2	7	4	7
6	9	7	1	3	4	8	5	2
1	4	2	5	8	7	6	3	9

8	7	3	1	4	6	2	9	5
9	6	5	7	2	8	1	3	4
2	4	1	3	5	9	7	6	8
4	9	8	2	1	3	5	7	6
1	2	7	6	8	5	3	4	9
5	3	6	4	9	7	8	2	1
6	5	2	9	3	1	4	8	7
7	1	4	8	6	2	9	5	3
3	8	9	5	7	4	6	1	2

6	4	1	8	3	9	2	5	7
2	9	3	6	7	5	8	1	4
4	8	5	4	2	1	9	3	6
4	5	8	4	1	2	6	7	3
3	1	2	9	5	6	7	4	8
9	7	6	3	8	4	1	2	5
1	6	7	2	4	3	5	8	9
5	3	9	1	6	8	4	7	2
8	2	4	5	9	4	3	6	1

7	9	8	5	3	2	1	6	4
6	5	7	9	4	1	3	8	2
3	1	2	6	7	8	9	4	5
9	7	3	4	2	6	8	5	1
1	4	5	7	8	9	6	2	3
2	8	6	3	1	5	4	7	9
8	6	9	1	5	7	2	3	4
5	3	1	4	6	2	7	9	8
7	2	4	8	9	3	5	1	6

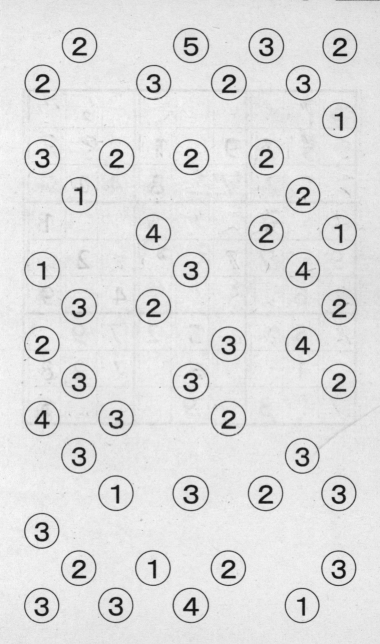

6	4	1	9	2	3	5	8	4
3	7	5	1	8	4	2	6	9
2	9	8	7	6	5	4	3	1
1	8	4	2	7	9	6	5	3
9	3	7	4	5	6	8	1	2
5	6	2	8	3	1	9	7	4
4	5	6	3	1	2	7	9	8
8	1	9	6	4	4	3	2	5
7	2	3	5	9	8	1	4	6

	1	3	1						2
	2		3		2	2	1		
	3		2		3		3		1
					3		2		1
1	3	2							3
2		1		3	2	2			
2		2		1		1		3	2
1		1		1		2		3	
	3			2		2		1	
	0		2		2			1	
	2		2		1		2		1
0	1		2		1		2		2
			0	2	1		1		2
2							3	3	3
1		2		2					
3		2		2		3		2	
		3	3	2		2		3	
3						3	1	3	

6	3		1	2	8	4	9	5
4	8	2	3	5	9	7	6	1
1	9	5	4	6	7	3	2	8
3	4	9	6	8	5	1	7	2
7	5	8	2	1	4	9	3	6
2	1	6	4	9	3	5	8	4
8	6	3	5	7	1	2	4	9
9	7	1	8	4	2	6	5	3
5	2	2	9	3	6	8	1	7

5	1	2	4	8	6	9	7	3
4	9	3	4	1	2	5	8	6
6	7	8	9	3	5	4	1	2
9	3	1	8	7	4	2	6	5
8	4	5	2	6	1	3	9	7
7	2	6	3	5	9	8	4	1
1	6	9	5	4	3	7	2	8
2	5	7	6	9	8	1	3	4
3	8	4	1	2	7	6	5	9

						6		
3				1				9
	5	7				8		
								4
5	8			4				1
				8		9	2	
		6			7			2
	7		3		2		9	
1					8		3	

			3				5	
			2	4		9	6	
7		6					8	
								2
	6				4			
		1	5					
	4				8			1
	8					3		5
		5	1		3		2	

3		2		4			1	
	2		1			2		3
3					1		2	
	3			8		2		2
3			2		3		3	
						1		2
3		2		3			1	
	2		2			3		4
2		3			5		2	
	3			3		2		5
3		2						
	5		4		2			4
3		2		4			3	
	3		1					2
1		3			2		2	
	2			3		3		2

3	8	4	5	9	7	6	2	1
2	6	9	4	1	3	8	7	5
1	7	5	8	6	2	3	9	4
9	4	1	7	5	6	2	8	3
8	2	7	1	3	9	5	4	6
6	5	3	2	8	4	7	1	9
7	3	6	9	4	8	1	5	2
4	1	2	3	7	5	9	6	8
5	9	8	6	2	1	4	3	7

2	4	6	7	3	9	4	5	8
4	5	8	1	6	2	3	9	7
9	7	3	4	8	5	6	7	2
1	4	9		2	7	8	4	6
8	4	7	9	1	6	2	3	5
5	6	2		4	8	9	7	1
6	9	5	8	7	3	1	2	4
7	2	4	6	9	1	5	8	3
3	8	1	2	5	4	7	6	9

3	2	1	9	4	6	5	8	7
6	7	5	1	8	2	4	3	9
8	9	4	5	7	3	2	6	1
2	5	7	8	3	9	1	4	6
1	6	8	4	2	5	9	7	3
4	3	9	7	6	1	8	2	5
9	8	6	2	5	7	3	1	4
5	4	3	6	1	8	7	9	2
7	1	2	3	9	4	6	5	8

1		3					3		0
2				3	1				2
		1	3			1	3		
3									3
	2		0	3	2	1		1	
1									0
		3		1	1		0		
			3			2			
	3			2	3			1	2
3	0			1	2			3	
			3			1			
		1		0	2		2		
3									1
	2		2	1	2	3		3	
3									2
		3	0			2	2		
3				2	3				0
3		1					1		1

4	1	8	9	2	6	7	5	3
7	6	5	8	3	4	9	1	2
9	3	2	1	7	5	6	4	8
3	8	4	5	6	9	1	2	7
5	2	9	7	1	8	4	3	6
1	7	6	2	4	3	8	9	5
8	5	1	3	9	7	2	6	4
2	4	7	6	5	1	3	8	9
6	9	3	4	8	2	5	7	1

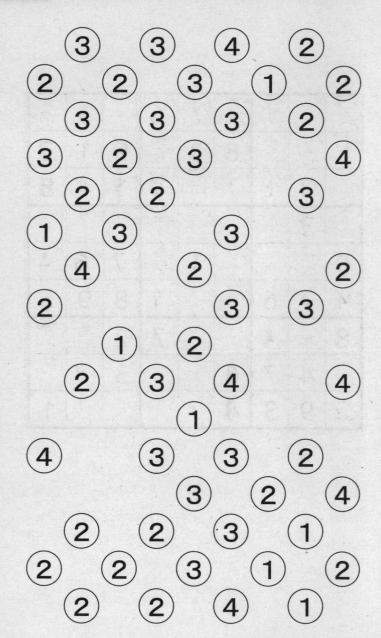

7	4	9	2	7	6	3	5	8
1	6	3	5	8	4	9	7	2
5	2	8	7	3	9	1	4	6
8	3	6	4	2	7	5	1	9
9	[illegible]	2	3	5	8	7	6	4
4	7	5	6	9	1	8	2	3
3	8	4	1	7	2	6	9	5
6	5	1	9	4	3	2	8	7
2	9	7	8	6	5	4	3	1

2	6	5	8	3	4	7	9	1
7	4	9	5	1	2	3	6	8
1	8	3	7	6	9	5	4	2
6	5	8	1	4	3	2	7	9
4	1	7	2	9	5	8	3	6
3	9	2	6	8	7	4	1	5
9	3	6	4	5	8	1	2	7
5	2	1	3	7	6	9	8	4
8	7	4	9	2	1	6	5	3

Slitherlink **EASY**

	1			2	2			3	
0			3			1			3
	3			3	3			1	
1			2			1			0
	3			1	1			3	
1			3			3			3
	3			1	0			1	
			3			3			
3	2		1			1		3	2
1	0		0			1		2	0
			2			3			
	1			2	2			3	
3			0			1			1
	2			3	1			1	
2			0			1			0
	1			2	2			2	
1			1			0			3
	3			2	1			3	

6	7	2	8	5	1	4	9	3
1	3	4	2	9	7	5	6	8
8	5	9	6	3	4	2	1	7
5	9	7	3	2	6	8	4	1
2	1	8	4	7	9	6	3	5
4	6	3	5	1	8	9	7	2
9	4	5	7	8	3	1	2	6
3	2	6	1	4	5	7	8	9
7	8	1	9	6	2	3	5	4

9	6	4	3	5	2	8	1	7
2	1	5	4	7	8	3	6	9
3	8	7	6	9	1	2	5	4
4	5	8	9	1	3	6	7	2
7	3	6	5	2	4	9	8	1
1	9	2	8	6	7	4	3	5
8	7	1	2	4	6	5	9	3
6	4	9	7	3	5	1	2	8
5	2	3	1	8	9	7	4	6

2	8	5	9	3	4	6	1	7
7	6	3	2	5	1	8	9	4
1	9	4	8	7	6	3	5	2
4	5	7	6	9	2	1	3	8
6	3	2	1	8	7	5	4	9
9	1	8	3	4	5	7	2	6
3	2	6	4	1	8	9	7	5
5	4	9	7	6	3	2	8	1
8	7	1	5	2	9	4	6	3

			9	1	24			
	9			1	3			7
				7	5		9	
			1		6		5	
					24	7		6
				9	7	4		
26	46	3	7	5	8	9	1	2
58	1	5	4	2	8	6	7	3
7	2	9	6	3	1	5	8	4

9	8	6	3	2	5	7	4	1
4	3	1	6	9	7	5	2	8
2	5	7	8	1	4	9	6	3
5	4	2	7	6	8	1	3	9
8	1	3	2	5	9	6	7	4
7	6	9	1	4	3	8	5	2
1	2	5	9	3	6	4	8	7
3	7	4	5	8	1	2	9	6
6	9	8	4	7	2	3	1	5

1			7	4	5	3	8	9
3		7	1	2	6	5		4
			3	8	9	6	1	7
		1	6	7		8		2
	7		2	5				1
2		8	4	9	1	7	3	5
7	1	6	9	3	4	2	5	8
4	8	2	5	6	7	1	9	3
5	9	3	8	1	2	4	7	6

7	4	5	8	6	1	2	3	9
6	8	9	4	2	3	1	5	7
1	2	3	9	5	7	4	6	8
4	9	1	3	8	5	6	7	2
5	3	6	1	7	2	9	8	4
2	7	8	6	9	4	5	1	3
9	1	4	5	3	8	7	2	6
8	5	2	7	4	6	3	9	1
3	6	7	2	1	9	8	4	5

	2	2			0			3			1	2	
		3			3			1			3		
		1	3		2			3		2	3		
3					3			3					1
1	0	3									1	3	3
		2		2	3			1	3		3		
				0					1				
3	3		2	2		3	3		3	2		1	3
	2					2	1					3	
	3	3			2			2			2	1	
				1					3				
3		2	3			2	3			2	3		2
3		1	3			1	0			1	1		1
				2					1				
	2	3			1			3			2	1	
	1					3	2					3	
2	0		3	3		2	0		2	2		3	2
				1					3				
		2		1	2			1	3		2		
0	1	3									2	0	2
2					2			3					3
		1	3		3			0		3	3		
		0			3			2			1		
	3	2			1			2			3	3	

8	2	4	5	9	3	6	7	1
3	5	6	2	1	7	4	9	8
1	7	9	4	8	6	2	5	3
2	4	1	9	5	8	3	6	7
5	8	3	6	7	2	9	1	4
9	6	7	1	3	4	8	2	5
7	3	2	8	6	5	1	4	9
4	1	8	7	2	9	5	3	6
6	9	5	3	4	1	7	8	2

8	9	7		5	4		1	
5	6	7				9	4	2
2	3	4				8	7	5
5								4
9	8			4	5			1
4					6	5		
6	7	8	5	2	1	4	3	9
4	1	5	3	9	7	2	8	6
3	2	9	4	6	8	1	5	7

8	4	2	1	6	5	7	9	3
7	1	6	9	4	3	2	8	5
3	5	9	7	2	8	6	4	1
5	9	8	2	3	6	1	7	4
1	6	3	4	7	9	5	2	8
2	7	4	5	8	1	3	6	9
9	2	7	3	5	4	8	1	6
6	3	1	8	9	2	4	5	7
4	8	5	6	1	7	9	3	2

5	8	7	3	9	7	4	6	2
4	3	9	2	8	6	1	7	5
2	6	7	5	1	4	9	8	3
8	2	6	1	7	5	3	4	9
1	5	4	9	6	3	8	2	7
7	9	3	8	4	2	5	1	6
6	1	5	4	2	9	7	3	8
3	4	2	7	5	8	6	9	1
9	7	8	6	3	1	2	5	4

1	9	4	3	8	7	6	5	2
8	5	6	2	9	4	1	7	3
2	3	7	1	6	5	9	4	8
9	4	5	7	2	8	3	1	6
7	1	8	4	3	6	5	2	9
6	2	3	9	5	1	4	8	7
5	7	9	8	4	3	2	6	1
3	6	1	5	7	2	8	9	4
4	8	2	6	1	9	7	3	5

8	5	7	3	9	2	1	4	6
4	1	3	6	5	7	9	8	2
2	9	6	8	1	4	7	5	3
9	3	1	2		8	4		5
7	8	5	1	4	6	3		9
6	4	2	9		5	6		
5	6	4	7	2	3	8	9	1
1	7	8	5	6	9	2	3	4
3	2	9	4	8	1	5	6	7

8	8	7			2	4		3
3	4				2			7
2	5		4	7		3	6	8
	3	2			7		8	
	6		2	3	7			
5	7	9						
9	2	4			1	8	3	
6	1	8	7				4	4
7	9			2	4	8		1

9	4	7	6	1	5	2	3	8
8	5	6	3	2	9	4	7	1
3	2	1	4	8	7	9	6	5
4	3	9	8	6	8	1	2	7
7	6	5	1	3	2	8	9	4
1	8	2	9	7	4	6	5	3
2	1	4	5	9	3	7	8	6
5	9	8	7	6	1	3	4	2
6	7	3	3	4	8	5	1	9

	3		0							3		1	
2	1		3	3		0	3		1	1		3	3
3	1		1	3		1	2		0	1		1	2
	1		3							2		1	
0				2			3		3				3
2				1		3			1				1
	2		0							3		1	
1	2		2	2		3	3		1	3		3	3
3	2		2	1		3	3		2	2		2	3
	2		2				0			3		1	
	2		1			3				2		3	
1	1		0	3		3	0		1	0		1	2
3	3		2	0		3	2		3	0		2	2
	1		3							1		3	
0				2			1		1				1
2				3		3			2				2
	1		1							2		2	
1	3		1	3		3	0		3	3		0	2
1	1		2	3		3	2		3	3		1	1
	3		0							0		2	

	9						5	
	1	3						7
6	7							2
		1	4	6				
		8	1	2				
	4		5	9				
1	6	4	9	7	5			3
3		7	2	8	4	6		
			6	3	1		7	4

		1			8	4		
						9		8
	8		5	4	9	6	1	3
						3	8	9
		3	8			1	6	2
9	1	8	2	6	3	5	4	7
		6		8		7	3	4
	7	2		5		8	9	6
8		9	4		6	2	5	1

				5		9		
							4	
	7	8				5		1
6								
						1	6	
		5			8		9	2
	4		1		2	3		
7			6				1	
	1				5	2		7

7	6				2	4		
				8		9	6	7
			3				4	
	5		2		4			3
		1				5		
		8		7	1	6		
	2			5	9	8		1

				1				
	3			6				7
1	6		5		7	8		
				2	4	5		
	8				5	2		
		9						3
4		8		5			6	
2	1			8	9			

9	1					2	5	
		2	7		4	8		3
	4							1
2		9	8					
					3		6	
	5		4			9		
1		4	6	2				

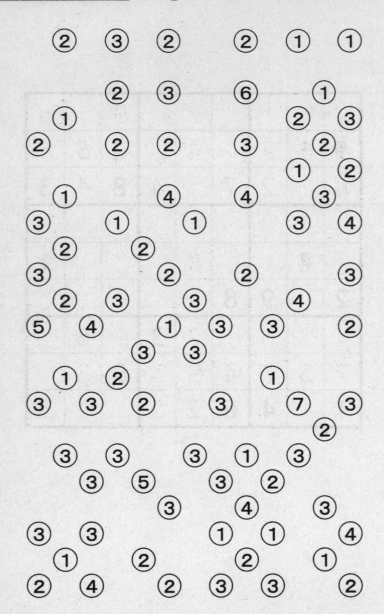

						9		6
1	6	9		4				8
8						7	4	
	7			3				9
2			8			4		
				7	2			
7		2		9	3	5	8	
		4			8			3

6		8			7			
		3	8			9	4	2
				7				3
	4					5	8	
	5	1			4			6
	2					8		
	3			9	6		1	7

						9		
			4		3			
	6				1	7	2	3
						6	5	2
4		5		8	2			
		6		3				
		1			5			4
				7		2	9	1

				7				
		1				5		
		4	2	3				7
				5				
	2					6		
			7		4		8	
								5
	6	7						2
		9	8	4	1		3	6

	3	2				1	3				2	1	
3			1		3			3		2			0
1			3		1			3		2			1
	2	0				2	2				1	2	
				3					3				
	3	2				2	1				2	1	
1			2		2			3		2			2
3			3		3			3		1			3
	1	3				1	0				2	2	
				0					0				
	2	2				1	1				3	1	
2			3		1			2		1			2
1			1		2			1		2			3
	1	3				0	3				3	3	
				0					0				
	1	3				1	2				3	2	
2			2		1			0		1			3
0			3		3			1		2			1
	1	1				2	2				2	3	
				1					3				
	3	1				3	0				0	1	
1			3		2			3		2			3
2			3		1			1		2			1
	2	3				3	3				3	3	

5			8		1		4	2
7	3			4		5	6	
		9						
						9		7
	4							6
		7					1	5
8			9					
4	6		7		3		9	

				9			8	
			1	8				7
9	6					3		2
			4		9			
	5			2			3	
		6			1	4		
	2	1	7		8		6	
5		7				1		3

								1
		6			1	2		
2			5	9	7			
						4		9
9				8	2	3		
	5	1			6			
	6		9	7			1	
7		3				5	2	

			8			2		4
4	1		9			3		
		7			6			
			7		1			
	2		6			7	4	8
	7	1					3	
			4		3	8		
3	4				7			2

		9	4				7	
		4	8					
			7			3		1
8								4
		5	1			8		9
5		3			4			
9		6			7			
	7		9	5	6			2

						7		
7			3		5	1	2	
		5	4		2		3	9
							9	
		8				3		
	1		8	2				
	2				7			
	5							
6	8	4	2				5	

	1	2	3		0			3		2	2	2	
	3		1		3			3		0		2	
		3				2	2				1		
3	3			2	3	3	2	3	1			3	2
1		1		2					2		1		3
1	1			1					2			3	1
					0	2	3	3					
	1	2									1	1	
2			2			2	3			2			3
3	0	2	2		3			3		3	3	1	1
					3			2					
					2			0					
3	3	1	2		3			1		2	0	3	2
2			1			3	3			2			2
	3	3									2	1	
					2	1	3	3					
1	3			1					2			0	2
0		1		1					1		3		3
2	2			2	3	3	2	2	1			1	3
		1				2	0				3		
	3		1		3			2		1		2	
	2	3	2		3			0		3	3	2	

		9						
			2	6				
3	1		4	5			2	
						7		
	5						1	
						4	6	3
				1			3	
7	8	1		3				2
		2		8			9	4

	7			1	5			8
						5		
			2	3				
							9	
1				7			3	
		8	1	4		2		6
					3			
		9	8	2	6		4	
5		2						

		9	3	4	7	6		
			8			2	9	3
					6			
						7	2	9
		4	5					
		5					3	
		7			8			4
3			4		2			8

			5					
					9		7	
		6			2		1	8
	5	7	1			4	3	
1			3			2		6
8	6	3				5		
	7			4				
			7			1		2

1			2		3		5		3		2	
	3			3		1		4		5		2
1		1			2		4					
	3			5		3		3		5		4
2			1									
				3			3		4			3
	2		2			2					1	
3		2		2			1					3
	2		3			5			7		3	
3		3			2			3				
	3		1				3		2			3
3		5		4		1		3			2	
	4				2		6			3		4
3				4		3		2			2	
		3			2		3			2		4
	5		3			1		1			3	
2		2		2			3					3
	1		2		1			3		2		
				1			2		3		5	
2		2			3			3				1
	1		5				3		2			
2		2		2		2		2			2	

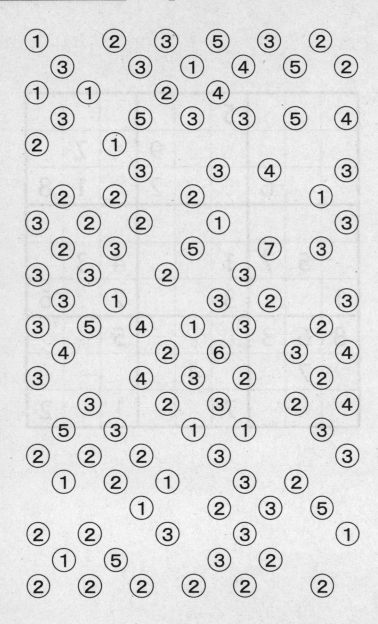

					3			
			9	1		4		
			6	2				3
								4
	3		5			9		
2						8	3	1
9			8	7	1	2		
	5				9			7
	4							8

1			1				3		1			3	
0		2		2			0		3		1		
		3		1		2			1		3		2
	3			3		1				2			1
	1				1			3				1	
0			1				2		3			2	
2		3		0			2		2		0		
		3		2		0			1		2		1
	1			1		2				1			1
	0				2			0				0	
2			0				2		3			2	
3		2		2			2		1		0		
		3		2		0			2		2		3
	1			3		3				3			2
	2				1			2				2	
0			1				3		1			0	
1		2		0			1		1		1		
		2		2		1			0		1		1
	3			0		1				3			3
	1				2			2				2	
1			1				3		1			2	
3		1		2			3		2		1		
		3		3		0			3		3		1
	2			2		2				3			2

	1							
		6					2	5
	5		9	2		3	4	1
					7			6
		8			5			7
	9		5					
	6	1	2	7			5	3
5			1	6				9

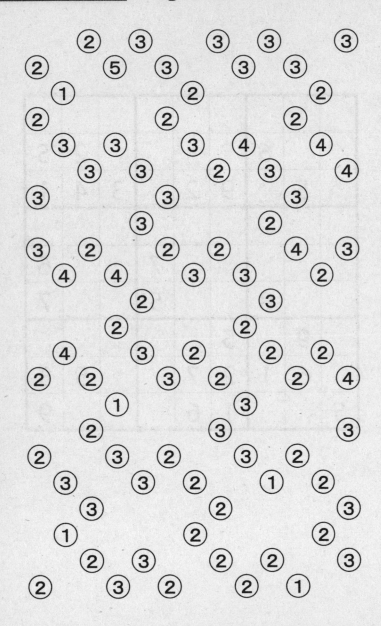

		5						
		3	2	4				
6					3			
		2						
	3		5					1
		4		9				8
	7		3			2		
					7		9	6
			4	6	8		7	3

	5		4	7				2
7		6			3		9	
				5				
					7			
					6		3	4
		8					6	5
		7	2			3		
2		9	6	1				8

	9			2				1
6		2			8	7		4
				3			9	8
					6	8		
			9	1	4		6	
		8	1					
4				7		3		
	3		8			4		

3						4	9	
	1				8			
		5	6	7	3		8	
		6						
								5
	9		2	4				
5				1		7		
		8			7		3	1
					6		5	

	3	1	0	2	2			1	2	3	1	2	
1						3	3						2
2		3	2			2	2			1	2		2
	1				2			1				2	
			1	2					2	3			
	2	3				0	2				2	3	
1				1	3			3	1				2
		2	3							2	3		
	1				2	0	1	2				0	
	1			2					2			3	
3			1			2	2			3			1
1			1		3			3		1			2
2			1		3			3		2			2
1			3			1	1			3			1
	2			1					1			2	
	1				2	3	1	3				0	
		3	2							3	2		
1				2	2			0	2				2
	3	1				3	2				3	3	
			3	3					3	2			
	3				2			3				3	
2		1	2			1	2			2	1		2
3						2	1						3
	2	2	3	2	1			3	3	2	2	2	

	7			3			1	2
	6		1				8	3
		8						4
		4		1			5	
		6		7	3			
		9					7	
4			9	5		1	6	

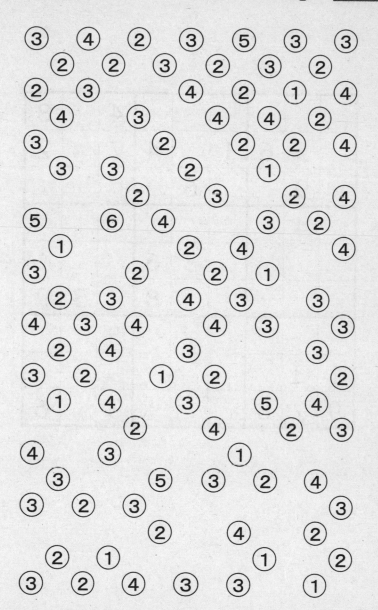

						4		8
	5	6	1		4	7		2
	9			6				
	4							
				3	6			
					8		3	9
						5		
1	3							
9	2	8				3		6

	4	8				6		
			9		7		4	3
			7			3		2
	9				6		1	
5					3			9
		2			4	8		5
7			8		9	4		6

		4			6			9
3			9			7		
					4	5	6	3
						2		7
	7		5					
7					9		4	
	4	8		6	1		9	5
9		6		4	3			

	2	2	1	1				2					
				2		3		2	3	1	3	3	2
3	3	2		2		1							
1				2		2	3	2		3	1	2	
2		3	3	2				2				3	
2								1	2	2		1	
1	0	1		1	1	3						1	
						2		3		2	2	3	
		2	3	1		0		1					
2		1				2		2	2	3	2	1	1
3		1		1	3	0							2
2		3						2	1	2	2		2
2		3	2	1	2						3		3
2							2	1	1		1		2
1	2	2	2	2	1		3				3		2
					1		2		1	3	1		
	3	2	2		3		2						
	2						3	2	2		3	1	2
	2		2	3	2								1
	1				3				2	1	1		1
	3	2	1		2	1	1		3				2
							2		1		2	1	3
0	3	2	1	2	2		2		3				
					3				2	1	0	2	

		7	4				2	
3				6		8		
					9			5
	2		8					
			9	3	7			
					5			7
	6					2		
2	9				3	5		4
						9		3

		3						
						1	9	
			1	9	6	8		7
							8	9
	2			7			5	4
	5		9					
	7	4	8					5
	8	2			5	9		

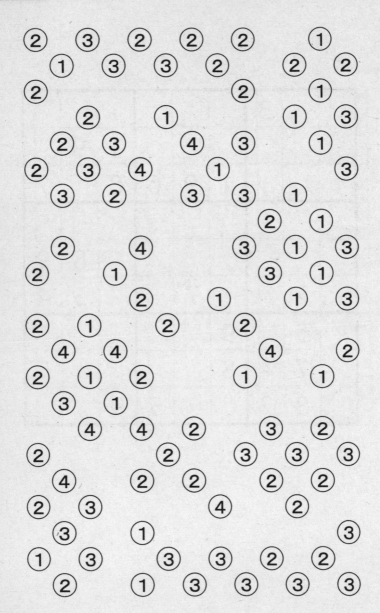

		4		3			7	2
	5	3		4	2	6	8	
			1					
9							4	
			5		4			6
	6	7						
4		8		6		7	9	
1					8	2		4

						7		
		5		9		4		6
8		7	2	3	6			
	1			2		6		
			7		1		9	
					9			2
	2			7	8	1	6	4
		8		6			7	9

				2			7	
4				1	8			5
	7	3						9
						7		
				8			1	
					9			3
	9				5			
8			6		1		3	
		2				4		

page 6

2	7	1	3	9	5	6	8	4
5	9	8	7	4	6	1	3	2
3	4	6	1	2	8	5	7	9
8	6	4	5	7	3	9	2	1
7	5	2	9	6	1	8	4	3
9	1	3	4	8	2	7	5	6
4	3	9	8	1	7	2	6	5
6	8	5	2	3	9	4	1	7
1	2	7	6	5	4	3	9	8

page 9

1	2	8	6	5	3	7	4	9
5	3	9	4	7	2	6	1	8
7	6	4	8	1	9	3	2	5
9	8	2	5	3	7	4	6	1
3	7	1	9	6	4	5	8	2
6	4	5	2	8	1	9	7	3
4	5	6	3	2	8	1	9	7
2	1	3	7	9	6	8	5	4
8	9	7	1	4	5	2	3	6

page 7

4	3	5	7	6	1	8	9	2
8	6	9	4	2	3	5	7	1
1	7	2	8	9	5	3	4	6
6	2	8	5	1	7	4	3	9
7	4	1	3	8	9	2	6	5
9	5	3	2	4	6	1	8	7
5	8	4	6	7	2	9	1	3
3	1	7	9	5	8	6	2	4
2	9	6	1	3	4	7	5	8

page 10

4	2	8	7	3	5	6	1	9
6	5	1	9	8	4	2	7	3
9	3	7	6	1	2	8	5	4
5	6	9	4	2	1	7	3	8
1	8	2	5	7	3	4	9	6
7	4	3	8	6	9	5	2	1
8	9	5	1	4	7	3	6	2
3	7	6	2	9	8	1	4	5
2	1	4	3	5	6	9	8	7

page 8

5	9	3	1	6	2	7	8	4
7	2	1	9	4	8	6	5	3
4	6	8	7	3	5	1	2	9
6	8	9	2	1	4	3	7	5
1	3	4	5	7	9	2	6	8
2	7	5	3	8	6	9	4	1
8	5	7	6	9	3	4	1	2
3	1	2	4	5	7	8	9	6
9	4	6	8	2	1	5	3	7

page 11

1	7	3	9	8	2	5	6	4
2	8	4	7	6	5	1	9	3
9	5	6	4	1	3	8	2	7
7	2	8	5	3	6	9	4	1
6	4	9	2	7	1	3	8	5
3	1	5	8	4	9	2	7	6
4	9	7	1	5	8	6	3	2
5	6	2	3	9	7	4	1	8
8	3	1	6	2	4	7	5	9

page 12

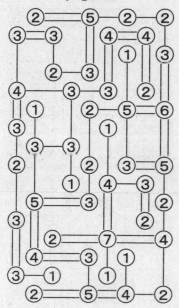

page 13

9	2	3	4	1	8	5	6	7
5	4	8	6	9	7	1	2	3
7	1	6	2	3	5	9	8	4
8	9	7	5	6	2	4	3	1
2	6	1	9	4	3	8	7	5
4	3	5	7	8	1	2	9	6
3	8	2	1	7	4	6	5	9
6	7	4	8	5	9	3	1	2
1	5	9	3	2	6	7	4	8

page 14

9	3	8	2	4	7	6	5	1
2	5	7	6	8	1	4	3	9
1	6	4	5	3	9	8	2	7
8	7	2	3	9	5	1	6	4
6	4	9	7	1	2	5	8	3
3	1	5	8	6	4	7	9	2
5	2	6	4	7	3	9	1	8
4	9	3	1	5	8	2	7	6
7	8	1	9	2	6	3	4	5

page 15

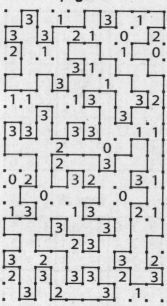

page 16

5	6	3	2	4	8	9	7	1
2	1	9	7	5	3	6	4	8
7	4	8	9	1	6	2	5	3
6	5	4	1	3	7	8	2	9
9	8	1	6	2	4	5	3	7
3	7	2	8	9	5	4	1	6
8	2	5	3	6	1	7	9	4
4	3	7	5	8	9	1	6	2
1	9	6	4	7	2	3	8	5

page 17

6	8	3	7	1	5	9	2	4
4	7	9	3	2	8	1	6	5
5	1	2	9	6	4	8	7	3
8	4	1	5	7	6	3	9	2
9	3	5	4	8	2	6	1	7
7	2	6	1	3	9	4	5	8
3	6	7	8	5	1	2	4	9
2	9	8	6	4	7	5	3	1
1	5	4	2	9	3	7	8	6

page 18

3	1	9	8	6	7	4	2	5
8	2	4	3	9	5	7	6	1
5	7	6	1	2	4	3	9	8
7	6	1	5	4	3	9	8	2
9	3	5	6	8	2	1	4	7
2	4	8	9	7	1	6	5	3
4	8	2	7	3	9	5	1	6
1	9	3	2	5	6	8	7	4
6	5	7	4	1	8	2	3	9

page 19

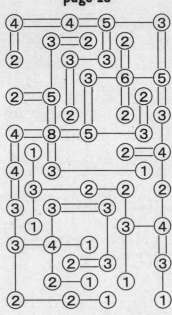

page 20

7	5	8	4	6	9	3	2	1
1	4	3	8	2	5	6	9	7
9	2	6	7	3	1	5	4	8
3	8	2	1	5	7	9	6	4
6	1	7	3	9	4	2	8	5
5	9	4	6	8	2	7	1	3
2	7	5	9	1	8	4	3	6
4	6	1	2	7	3	8	5	9
8	3	9	5	4	6	1	7	2

page 21

6	8	5	3	2	4	9	7	1
2	1	7	9	6	5	8	3	4
3	4	9	1	7	8	5	2	6
4	9	3	7	8	1	6	5	2
7	5	6	2	3	9	1	4	8
8	2	1	5	4	6	7	9	3
5	7	2	6	1	3	4	8	9
9	6	4	8	5	2	3	1	7
1	3	8	4	9	7	2	6	5

page 23

7	3	6	8	4	1	2	9	5
8	2	4	3	5	9	7	1	6
9	5	1	7	2	6	4	8	3
3	6	5	4	7	8	9	2	1
2	1	8	9	6	3	5	7	4
4	7	9	2	1	5	3	6	8
5	8	3	6	9	2	1	4	7
6	9	7	1	3	4	8	5	2
1	4	2	5	8	7	6	3	9

page 22

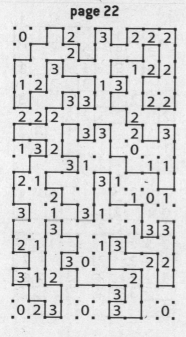

page 24

8	7	3	1	4	6	2	9	5
9	6	5	7	2	8	1	3	4
2	4	1	3	5	9	7	6	8
4	9	8	2	1	3	5	7	6
1	2	7	6	8	5	3	4	9
5	3	6	4	9	7	8	2	1
6	5	2	9	3	1	4	8	7
7	1	4	8	6	2	9	5	3
3	8	9	5	7	4	6	1	2

page 25

6	4	1	8	3	9	2	5	7
2	9	3	6	7	5	8	1	4
7	8	5	4	2	1	9	3	6
4	5	8	7	1	2	6	9	3
3	1	2	9	5	6	7	4	8
9	7	6	3	8	4	1	2	5
1	6	7	2	4	3	5	8	9
5	3	9	1	6	8	4	7	2
8	2	4	5	9	7	3	6	1

page 26

4	9	8	5	3	2	1	6	7
6	5	7	9	4	1	3	8	2
3	1	2	6	7	8	9	4	5
9	7	3	4	2	6	8	5	1
1	4	5	7	8	9	6	2	3
2	8	6	3	1	5	4	7	9
8	6	9	1	5	7	2	3	4
5	3	1	2	6	4	7	9	8
7	2	4	8	9	3	5	1	6

page 28

6	4	1	9	2	3	5	8	7
3	7	5	1	8	4	2	6	9
2	9	8	7	6	5	4	3	1
1	8	4	2	7	9	6	5	3
9	3	7	4	5	6	8	1	2
5	6	2	8	3	1	9	7	4
4	5	6	3	1	2	7	9	8
8	1	9	6	4	7	3	2	5
7	2	3	5	9	8	1	4	6

page 27

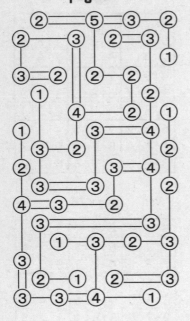

page 29

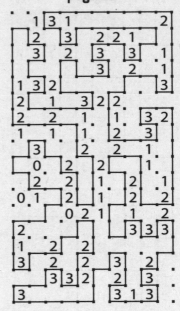

page 30

6	3	7	1	2	8	4	9	5
4	8	2	3	5	9	7	6	1
1	9	5	4	6	7	3	2	8
3	4	9	6	8	5	1	7	2
7	5	8	2	1	4	9	3	6
2	1	6	7	9	3	5	8	4
8	6	3	5	7	1	2	4	9
9	7	1	8	4	2	6	5	3
5	2	4	9	3	6	8	1	7

page 31

5	1	2	4	8	6	9	7	3
4	9	3	7	1	2	5	8	6
6	7	8	9	3	5	4	1	2
9	3	1	8	7	4	2	6	5
8	4	5	2	6	1	3	9	7
7	2	6	3	5	9	8	4	1
1	6	9	5	4	3	7	2	8
2	5	7	6	9	8	1	3	4
3	8	4	1	2	7	6	5	9

page 32

2	1	8	9	7	3	6	4	5
3	6	4	8	1	5	2	7	9
9	5	7	6	2	4	8	1	3
7	9	1	2	3	6	5	8	4
5	8	2	7	4	9	3	6	1
6	4	3	5	8	1	9	2	7
8	3	6	1	9	7	4	5	2
4	7	5	3	6	2	1	9	8
1	2	9	4	5	8	7	3	6

page 33

4	9	2	3	8	6	1	5	7
5	1	8	2	4	7	9	6	3
7	3	6	9	1	5	2	8	4
9	5	4	6	7	1	8	3	2
3	6	7	8	2	4	5	1	9
8	2	1	5	3	9	7	4	6
2	4	3	7	5	8	6	9	1
1	8	9	4	6	2	3	7	5
6	7	5	1	9	3	4	2	8

page 34

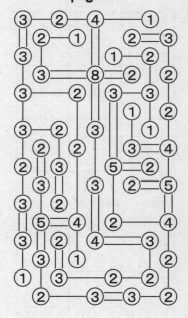

page 35

3	8	4	5	9	7	6	2	1
2	6	9	4	1	3	8	7	5
1	7	5	8	6	2	3	9	4
9	4	1	7	5	6	2	8	3
8	2	7	1	3	9	5	4	6
6	5	3	2	8	4	7	1	9
7	3	6	9	4	8	1	5	2
4	1	2	3	7	5	9	6	8
5	9	8	6	2	1	4	3	7

page 36

2	1	6	7	3	9	4	5	8
4	5	8	1	6	2	3	9	7
9	7	3	4	8	5	6	1	2
1	3	9	5	2	7	8	4	6
8	4	7	9	1	6	2	3	5
5	6	2	3	4	8	9	7	1
6	9	5	8	7	3	1	2	4
7	2	4	6	9	1	5	8	3
3	8	1	2	5	4	7	6	9

page 37

3	2	1	9	4	6	5	8	7
6	7	5	1	8	2	4	3	9
8	9	4	5	7	3	2	6	1
2	5	7	8	3	9	1	4	6
1	6	8	4	2	5	9	7	3
4	3	9	7	6	1	8	2	5
9	8	6	2	5	7	3	1	4
5	4	3	6	1	8	7	9	2
7	1	2	3	9	4	6	5	8

page 38

page 39

4	1	8	9	2	6	7	5	3
7	6	5	8	3	4	9	1	2
9	3	2	1	7	5	6	4	8
3	8	4	5	6	9	1	2	7
5	2	9	7	1	8	4	3	6
1	7	6	2	4	3	8	9	5
8	5	1	3	9	7	2	6	4
2	4	7	6	5	1	3	8	9
6	9	3	4	8	2	5	7	1

page 40

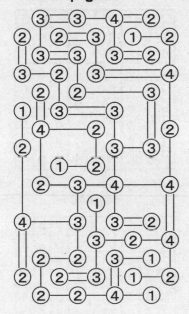

page 42

2	6	5	8	3	4	7	9	1
7	4	9	5	1	2	3	6	8
1	8	3	7	6	9	5	4	2
6	5	8	1	4	3	2	7	9
4	1	7	2	9	5	8	3	6
3	9	2	6	8	7	4	1	5
9	3	6	4	5	8	1	2	7
5	2	1	3	7	6	9	8	4
8	7	4	9	2	1	6	5	3

page 43

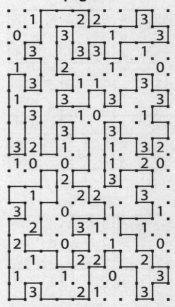

page 41

7	4	9	2	1	6	3	5	8
1	6	3	5	8	4	9	7	2
5	2	8	7	3	9	1	4	6
8	3	6	4	2	7	5	1	9
9	1	2	3	5	8	7	6	4
4	7	5	6	9	1	8	2	3
3	8	4	1	7	2	6	9	5
6	5	1	9	4	3	2	8	7
2	9	7	8	6	5	4	3	1

page 44

6	7	2	8	5	1	4	9	3
1	3	4	2	9	7	5	6	8
8	5	9	6	3	4	2	1	7
5	9	7	3	2	6	8	4	1
2	1	8	4	7	9	6	3	5
4	6	3	5	1	8	9	7	2
9	4	5	7	8	3	1	2	6
3	2	6	1	4	5	7	8	9
7	8	1	9	6	2	3	5	4

page 47

2	8	7	9	1	4	3	6	5
1	9	5	8	6	3	2	4	7
6	3	4	2	7	5	1	9	8
3	7	2	1	4	6	8	5	9
9	4	1	5	8	2	7	3	6
8	5	6	3	9	7	4	2	1
4	6	3	7	5	8	9	1	2
5	1	8	4	2	9	6	7	3
7	2	9	6	3	1	5	8	4

page 45

9	6	4	3	5	2	8	1	7
2	1	5	4	7	8	3	6	9
3	8	7	6	9	1	2	5	4
4	5	8	9	1	3	6	7	2
7	3	6	5	2	4	9	8	1
1	9	2	8	6	7	4	3	5
8	7	1	2	4	6	5	9	3
6	4	9	7	3	5	1	2	8
5	2	3	1	8	9	7	4	6

page 48

9	8	6	3	2	5	7	4	1
4	3	1	6	9	7	5	2	8
2	5	7	8	1	4	9	6	3
5	4	2	7	6	8	1	3	9
8	1	3	2	5	9	6	7	4
7	6	9	1	4	3	8	5	2
1	2	5	9	3	6	4	8	7
3	7	4	5	8	1	2	9	6
6	9	8	4	7	2	3	1	5

page 46

2	8	5	9	3	4	6	1	7
7	6	3	2	5	1	8	9	4
1	9	4	8	7	6	3	5	2
4	5	7	6	9	2	1	3	8
6	3	2	1	8	7	5	4	9
9	1	8	3	4	5	7	2	6
3	2	6	4	1	8	9	7	5
5	4	9	7	6	3	2	8	1
8	7	1	5	2	9	4	6	3

page 49

6	2	1	7	4	5	3	8	9
9	3	7	1	8	6	5	2	4
8	4	5	3	2	9	6	1	7
1	5	9	6	7	3	8	4	2
3	7	4	2	5	8	9	6	1
2	6	8	4	9	1	7	3	5
7	1	6	9	3	4	2	5	8
4	8	2	5	6	7	1	9	3
5	9	3	8	1	2	4	7	6

page 50

7	4	5	8	6	1	2	3	9
6	8	9	4	2	3	1	5	7
1	2	3	9	5	7	4	6	8
4	9	1	3	8	5	6	7	2
5	3	6	1	7	2	9	8	4
2	7	8	6	9	4	5	1	3
9	1	4	5	3	8	7	2	6
8	5	2	7	4	6	3	9	1
3	6	7	2	1	9	8	4	5

page 52

8	2	4	5	9	3	6	7	1
3	5	6	2	1	7	4	9	8
1	7	9	4	8	6	2	5	3
2	4	1	9	5	8	3	6	7
5	8	3	6	7	2	9	1	4
9	6	7	1	3	4	8	2	5
7	3	2	8	6	5	1	4	9
4	1	8	7	2	9	5	3	6
6	9	5	3	4	1	7	8	2

page 51

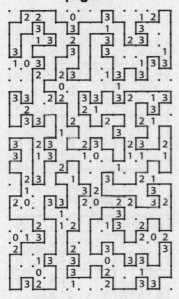

page 53

8	9	7	2	5	4	6	1	3
5	6	1	8	7	3	9	4	2
2	3	4	6	1	9	8	7	5
1	5	3	9	8	2	7	6	4
9	8	6	7	4	5	3	2	1
7	4	2	1	3	6	5	9	8
6	7	8	5	2	1	4	3	9
4	1	5	3	9	7	2	8	6
3	2	9	4	6	8	1	5	7

page 54

8	4	2	1	6	5	7	9	3
7	1	6	9	4	3	2	8	5
3	5	9	7	2	8	6	4	1
5	9	8	2	3	6	1	7	4
1	6	3	4	7	9	5	2	8
2	7	4	5	8	1	3	6	9
9	2	7	3	5	4	8	1	6
6	3	1	8	9	2	4	5	7
4	8	5	6	1	7	9	3	2

page 55

5	8	1	3	9	7	4	6	2
4	3	9	2	8	6	1	7	5
2	6	7	5	1	4	9	8	3
8	2	6	1	7	5	3	4	9
1	5	4	9	6	3	8	2	7
7	9	3	8	4	2	5	1	6
6	1	5	4	2	9	7	3	8
3	4	2	7	5	8	6	9	1
9	7	8	6	3	1	2	5	4

page 57

1	9	4	3	8	7	6	5	2
8	5	6	2	9	4	1	7	3
2	3	7	1	6	5	9	4	8
9	4	5	7	2	8	3	1	6
7	1	8	4	3	6	5	2	9
6	2	3	9	5	1	4	8	7
5	7	9	8	4	3	2	6	1
3	6	1	5	7	2	8	9	4
4	8	2	6	1	9	7	3	5

page 56

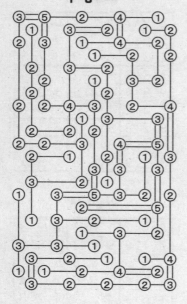

page 58

8	5	7	3	9	2	1	4	6
4	1	3	6	5	7	9	8	2
2	9	6	8	1	4	7	5	3
9	4	1	2	3	8	6	7	5
7	8	5	1	4	6	3	2	9
6	3	2	9	7	5	4	1	8
5	6	4	7	2	3	8	9	1
1	7	8	5	6	9	2	3	4
3	2	9	4	8	1	5	6	7

page 59

8	6	7	3	1	2	4	5	9
3	4	5	9	8	6	2	1	7
2	9	1	4	7	5	3	6	8
1	3	2	5	6	7	9	8	4
4	8	6	2	3	9	1	7	5
5	7	9	1	4	8	6	2	3
9	2	4	8	5	1	7	3	6
6	1	8	7	9	3	5	4	2
7	5	3	6	2	4	8	9	1

page 60

9	4	7	6	1	5	2	3	8
8	5	6	3	2	9	4	7	1
3	2	1	4	8	7	9	6	5
4	3	9	8	5	6	1	2	7
7	6	5	1	3	2	8	9	4
1	8	2	9	7	4	6	5	3
2	1	4	5	9	3	7	8	6
5	9	8	7	6	1	3	4	2
6	7	3	2	4	8	5	1	9

page 62

8	9	2	7	4	6	3	5	1
4	1	3	8	5	2	9	6	7
6	7	5	3	1	9	8	4	2
9	2	1	4	6	8	7	3	5
5	3	8	1	2	7	4	9	6
7	4	6	5	9	3	1	2	8
1	6	4	9	7	5	2	8	3
3	5	7	2	8	4	6	1	9
2	8	9	6	3	1	5	7	4

page 61

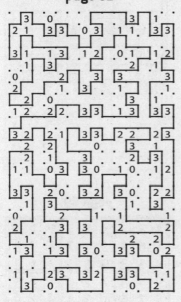

page 63

3	9	1	6	2	8	4	7	5
5	6	4	1	3	7	9	2	8
2	8	7	5	4	9	6	1	3
6	2	5	7	1	4	3	8	9
7	4	3	8	9	5	1	6	2
9	1	8	2	6	3	5	4	7
1	5	6	9	8	2	7	3	4
4	7	2	3	5	1	8	9	6
8	3	9	4	7	6	2	5	1

page 64

2	6	1	8	5	4	9	7	3
5	9	3	7	2	1	6	4	8
4	7	8	3	9	6	5	2	1
6	2	7	5	1	9	8	3	4
9	8	4	2	3	7	1	6	5
1	3	5	4	6	8	7	9	2
8	4	9	1	7	2	3	5	6
7	5	2	6	8	3	4	1	9
3	1	6	9	4	5	2	8	7

page 65

1	8	9	7	4	6	3	2	5
7	6	5	9	3	2	4	1	8
2	4	3	1	8	5	9	6	7
3	1	4	5	6	7	2	8	9
9	7	2	3	1	8	5	4	6
8	5	6	2	9	4	1	7	3
6	9	1	8	2	3	7	5	4
5	3	8	4	7	1	6	9	2
4	2	7	6	5	9	8	3	1

page 66

8	4	7	9	1	3	6	2	5
9	3	5	2	6	8	4	1	7
1	6	2	5	4	7	8	3	9
5	2	1	7	9	6	3	4	8
3	9	6	8	2	4	5	7	1
7	8	4	1	3	5	2	9	6
6	5	9	4	7	2	1	8	3
4	7	8	3	5	1	9	6	2
2	1	3	6	8	9	7	5	4

page 67

4	8	3	2	5	9	1	7	6
9	1	7	3	8	6	2	5	4
5	6	2	7	1	4	8	9	3
6	7	1	5	4	2	3	8	9
8	4	5	9	3	7	6	2	1
2	3	9	8	6	1	5	4	7
7	2	8	1	9	3	4	6	5
3	5	6	4	7	8	9	1	2
1	9	4	6	2	5	7	3	8

page 68

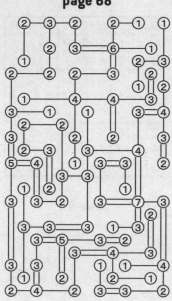

page 69

4	2	7	3	8	5	9	1	6
1	6	9	2	4	7	3	5	8
8	5	3	9	6	1	7	4	2
9	4	8	7	2	6	1	3	5
5	7	6	1	3	4	8	2	9
2	3	1	8	5	9	4	6	7
3	8	5	4	7	2	6	9	1
7	1	2	6	9	3	5	8	4
6	9	4	5	1	8	2	7	3

page 70

4	1	2	3	5	9	6	7	8
6	9	8	4	2	7	1	3	5
5	7	3	8	6	1	9	4	2
3	6	5	9	4	8	7	2	1
2	8	9	1	7	5	4	6	3
1	4	7	6	3	2	5	8	9
7	5	1	2	8	4	3	9	6
9	2	6	7	1	3	8	5	4
8	3	4	5	9	6	2	1	7

page 71

3	1	2	7	6	8	9	4	5
9	5	7	4	2	3	8	1	6
8	6	4	9	5	1	7	2	3
6	2	9	5	1	7	4	3	8
1	7	8	3	4	9	6	5	2
4	3	5	6	8	2	1	7	9
2	9	6	1	3	4	5	8	7
7	8	1	2	9	5	3	6	4
5	4	3	8	7	6	2	9	1

page 72

6	9	2	1	7	5	3	4	8
3	7	1	4	8	6	5	2	9
5	8	4	2	3	9	1	6	7
8	4	6	3	5	2	9	7	1
7	2	3	9	1	8	6	5	4
9	1	5	7	6	4	2	8	3
1	3	8	6	2	7	4	9	5
4	6	7	5	9	3	8	1	2
2	5	9	8	4	1	7	3	6

page 73

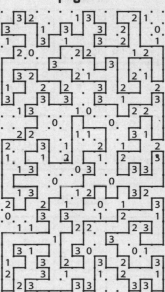

page 74

2	1	4	6	7	5	8	3	9
5	9	6	8	3	1	7	4	2
7	3	8	2	4	9	5	6	1
6	7	9	1	2	8	4	5	3
1	8	5	3	6	4	9	2	7
3	4	2	5	9	7	1	8	6
9	2	7	4	8	6	3	1	5
8	5	3	9	1	2	6	7	4
4	6	1	7	5	3	2	9	8

page 75

7	1	3	6	9	2	5	8	4
2	4	5	1	8	3	6	9	7
9	6	8	5	4	7	3	1	2
6	3	2	4	7	9	8	5	1
8	7	9	3	1	5	2	4	6
1	5	4	8	2	6	7	3	9
3	9	6	2	5	1	4	7	8
4	2	1	7	3	8	9	6	5
5	8	7	9	6	4	1	2	3

page 76

3	8	9	2	6	4	7	5	1
5	7	6	8	3	1	2	9	4
2	1	4	5	9	7	6	3	8
6	3	5	7	4	9	1	8	2
1	2	8	6	5	3	4	7	9
9	4	7	1	8	2	3	6	5
8	5	1	3	2	6	9	4	7
4	6	2	9	7	5	8	1	3
7	9	3	4	1	8	5	2	6

page 77

9	3	6	8	1	5	2	7	4
4	1	5	9	7	2	3	8	6
2	8	7	3	4	6	5	9	1
7	5	9	2	8	4	1	6	3
8	6	4	7	3	1	9	2	5
1	2	3	6	5	9	7	4	8
6	7	1	5	2	8	4	3	9
5	9	2	4	6	3	8	1	7
3	4	8	1	9	7	6	5	2

page 78

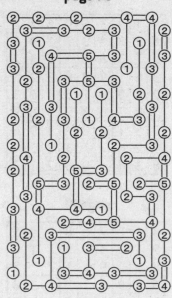

page 79

1	5	9	4	6	3	2	7	8
7	3	4	8	2	1	9	5	6
6	8	2	7	9	5	3	4	1
8	6	1	5	3	9	7	2	4
2	9	7	6	4	8	5	1	3
3	4	5	1	7	2	8	6	9
5	1	3	2	8	4	6	9	7
9	2	6	3	1	7	4	8	5
4	7	8	9	5	6	1	3	2

page 80

8	3	2	6	9	1	7	4	5
7	4	9	3	8	5	1	2	6
1	6	5	4	7	2	8	3	9
2	7	6	1	3	4	5	9	8
4	9	8	7	5	6	3	1	2
5	1	3	8	2	9	6	7	4
9	2	1	5	6	7	4	8	3
3	5	7	9	4	8	2	6	1
6	8	4	2	1	3	9	5	7

page 81

page 82

2	6	9	3	7	1	5	4	8
8	4	5	2	6	9	3	7	1
3	1	7	4	5	8	9	2	6
1	2	4	6	9	3	7	8	5
6	5	3	8	4	7	2	1	9
9	7	8	1	2	5	4	6	3
4	9	6	5	1	2	8	3	7
7	8	1	9	3	4	6	5	2
5	3	2	7	8	6	1	9	4

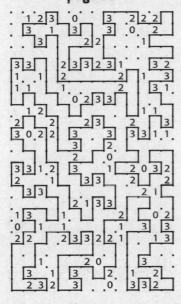

page 83

9	7	4	6	1	5	3	2	8
2	6	3	9	8	4	5	7	1
8	5	1	2	3	7	4	6	9
4	2	5	3	6	8	1	9	7
1	9	6	5	7	2	8	3	4
7	3	8	1	4	9	2	5	6
6	8	7	4	5	3	9	1	2
3	1	9	8	2	6	7	4	5
5	4	2	7	9	1	6	8	3

page 84

6	3	8	2	1	9	4	5	7
2	5	9	3	4	7	6	8	1
7	4	1	8	6	5	2	9	3
8	1	2	7	9	6	3	4	5
5	6	3	1	8	4	7	2	9
9	7	4	5	2	3	8	1	6
4	8	5	6	7	1	9	3	2
1	2	7	9	3	8	5	6	4
3	9	6	4	5	2	1	7	8

SOLUTIONS 85–88

page 85

7	8	9	5	1	6	3	2	4
4	1	2	8	3	9	6	7	5
5	3	6	4	7	2	9	1	8
3	2	8	9	6	4	7	5	1
6	5	7	1	2	8	4	3	9
1	9	4	3	5	7	2	8	6
8	6	3	2	9	1	5	4	7
2	7	1	6	4	5	8	9	3
9	4	5	7	8	3	1	6	2

page 87

4	8	6	7	5	3	1	2	9
3	2	7	9	1	8	4	5	6
5	1	9	6	2	4	7	8	3
6	9	8	1	3	2	5	7	4
1	3	4	5	8	7	9	6	2
2	7	5	4	9	6	8	3	1
9	6	3	8	7	1	2	4	5
8	5	2	3	4	9	6	1	7
7	4	1	2	6	5	3	9	8

page 86

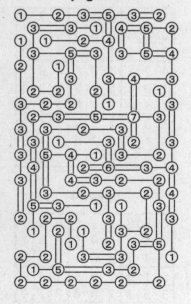

page 88

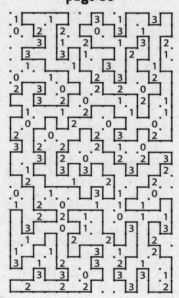

124

page 89

2	1	9	3	5	4	7	6	8
3	4	6	7	8	1	9	2	5
8	5	7	9	2	6	3	4	1
9	7	5	6	3	2	1	8	4
1	2	4	8	9	7	5	3	6
6	3	8	4	1	5	2	9	7
7	9	3	5	4	8	6	1	2
4	6	1	2	7	9	8	5	3
5	8	2	1	6	3	4	7	9

page 91

4	9	5	8	1	6	7	3	2
7	8	3	2	4	5	6	1	9
6	2	1	9	7	3	8	4	5
8	1	2	6	3	4	9	5	7
9	3	7	5	8	2	4	6	1
5	6	4	7	9	1	3	2	8
1	7	6	3	5	9	2	8	4
3	4	8	1	2	7	5	9	6
2	5	9	4	6	8	1	7	3

page 90

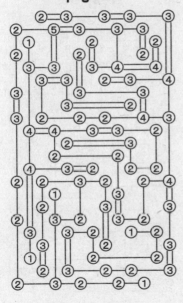

page 92

1	8	4	9	6	2	5	7	3
9	5	3	4	7	1	6	8	2
7	2	6	5	8	3	4	9	1
6	9	1	3	5	4	8	2	7
3	4	2	8	9	7	1	5	6
8	7	5	1	2	6	9	3	4
4	1	8	7	3	9	2	6	5
5	6	7	2	4	8	3	1	9
2	3	9	6	1	5	7	4	8

page 93

8	9	3	4	2	7	6	5	1
6	1	2	5	9	8	7	3	4
7	4	5	6	3	1	2	9	8
9	5	6	7	8	2	1	4	3
1	2	4	3	5	6	8	7	9
3	8	7	9	1	4	5	6	2
5	7	8	1	4	3	9	2	6
4	6	1	2	7	9	3	8	5
2	3	9	8	6	5	4	1	7

page 94

3	8	7	1	5	2	4	9	6
6	1	2	4	9	8	5	7	3
9	4	5	6	7	3	1	8	2
2	5	6	7	3	1	8	4	9
1	7	4	8	6	9	3	2	5
8	9	3	2	4	5	6	1	7
5	2	9	3	1	4	7	6	8
4	6	8	5	2	7	9	3	1
7	3	1	9	8	6	2	5	4

page 96

3	4	1	2	8	5	6	9	7
8	7	5	6	3	9	4	1	2
9	6	2	1	4	7	5	8	3
6	5	3	7	9	4	8	2	1
1	9	8	5	2	6	7	3	4
7	2	4	3	1	8	9	5	6
5	1	6	8	7	3	2	4	9
2	8	9	4	6	1	3	7	5
4	3	7	9	5	2	1	6	8

page 95

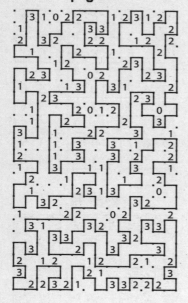

page 97

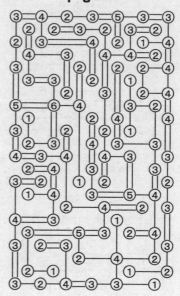

page 98

2	7	1	3	5	9	4	6	8
3	5	6	1	8	4	7	9	2
8	9	4	2	6	7	1	5	3
6	4	3	9	2	1	8	7	5
7	8	9	5	3	6	2	1	4
5	1	2	4	7	8	6	3	9
4	6	7	8	9	3	5	2	1
1	3	5	6	4	2	9	8	7
9	2	8	7	1	5	3	4	6

page 99

3	7	9	6	4	2	5	8	1
2	4	8	3	1	5	6	9	7
1	5	6	9	8	7	2	4	3
6	2	7	4	3	1	9	5	8
4	1	5	7	9	8	3	6	2
8	9	3	5	2	6	7	1	4
5	8	4	2	6	3	1	7	9
9	6	2	1	7	4	8	3	5
7	3	1	8	5	9	4	2	6

page 100

5	2	4	3	7	6	1	8	9
3	6	1	9	8	5	7	2	4
8	9	7	1	2	4	5	6	3
1	8	2	4	3	7	9	5	6
4	3	5	6	9	8	2	1	7
6	7	9	5	1	2	4	3	8
7	1	3	8	5	9	6	4	2
2	4	8	7	6	1	3	9	5
9	5	6	2	4	3	8	7	1

page 101

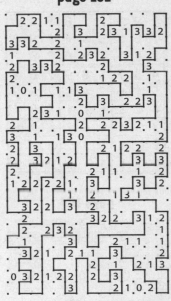

page 102

9	8	7	4	5	1	3	2	6
3	5	4	7	6	2	8	9	1
6	1	2	3	8	9	7	4	5
7	2	5	8	1	6	4	3	9
8	4	6	9	3	7	1	5	2
1	3	9	2	4	5	6	8	7
5	6	3	1	9	4	2	7	8
2	9	8	6	7	3	5	1	4
4	7	1	5	2	8	9	6	3

page 103

1	9	3	7	2	8	5	4	6
7	6	8	3	5	4	1	9	2
2	4	5	1	9	6	8	3	7
4	3	7	5	8	9	2	6	1
5	1	6	2	4	3	7	8	9
8	2	9	6	7	1	3	5	4
3	5	1	9	6	7	4	2	8
9	7	4	8	3	2	6	1	5
6	8	2	4	1	5	9	7	3

page 105

8	2	9	7	1	6	4	5	3
6	1	4	8	3	5	9	7	2
7	5	3	9	4	2	6	8	1
5	4	6	1	8	7	3	2	9
9	8	1	6	2	3	5	4	7
3	7	2	5	9	4	8	1	6
2	6	7	4	5	9	1	3	8
4	3	8	2	6	1	7	9	5
1	9	5	3	7	8	2	6	4

page 104

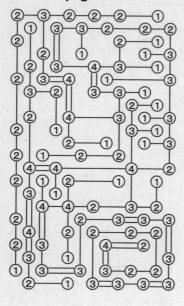

page 106

2	9	6	4	1	5	7	3	8
1	3	5	8	9	7	4	2	6
8	4	7	2	3	6	9	1	5
9	7	2	6	8	3	5	4	1
5	1	3	9	2	4	6	8	7
6	8	4	7	5	1	2	9	3
7	6	1	3	4	9	8	5	2
3	2	9	5	7	8	1	6	4
4	5	8	1	6	2	3	7	9

page 107

5	1	8	9	2	3	6	7	4
4	6	9	7	1	8	3	2	5
2	7	3	4	5	6	1	8	9
9	3	4	1	6	2	7	5	8
7	2	5	3	8	4	9	1	6
1	8	6	5	7	9	2	4	3
3	9	1	2	4	5	8	6	7
8	4	7	6	9	1	5	3	2
6	5	2	8	3	7	4	9	1